AF440619

* 9 7 8 9 9 4 8 7 6 8 8 7 6 *

مَجْلِسُ الحِيرَة

مسرحيّة في أربعة فصول

الدكتور سلطان بن محمد القاسمي

مَجْلِسُ الحِيرَة

مسرحيّة في أربعة فصول

العنوان : مجلس الحيرة - مسرحيّة في أربعة فصول
اسم المؤلف : الدكتور سلطان بن محمد القاسمي (الإمارات)
اسم الناشر: منشورات القاسمي، الشارقة ، الإمارات العربية المتحدة
الطبعة الأولى : 2024م
سنة الطبع : 1445هـ- 2024م

*

الترقيم الدولي : 978-9948-768-87-6

*

إذن طباعة رقم MC-03-01-1823511 بتاريخ 2023/12/05م،
الفئة العمرية : E
مكتب تنظيم الإعلام ، وزارة الثقافة والشباب ، الإمارات العربية المتحدة
الطباعة : AL Bony Printing Press- Sharjah, UAE

*

التوزيع : منشورات القاسمي
ص.ب : 64009 الشارقة، الإمارات العربية المتحدة
هاتف : 0097165090000، براق : 0097165520070،
البريد الإلكتروني : info@aqp.ae

المحتويات

المقدمة

عُرفت الحيرة بالمدينة ، وموقعها بالفرات الأوسط حيث تتجمع المياه القادمة من نهر الفرات إلى منطقة منخفضة ، يقال لها لغوياً : حيرة ، ومعناها : حار الماء ، حتى إذا أراد الناس ، أن يسقوا زروعهم ترفع المياه بآلة تسمى الغراف .

أما مدينة الحيرة ، فقد بنيت على أرض لا تصلها المياه ، وكان ذلك على طرف المنخفض .

أما مملكة الحيرة العربية في العراق ، فقد دامت أربعمائة وأربعاً وتسعين سنة ، من عام ١٣٨م إلى عام ٦٣٢م .

أول من أسس تلك الدولة في العراق آل تنوخ ، ثم انتقل الملك منهم إلى بني لخم ، وكلاهما من بني قحطان . بما أن تلك الدولة تحولت من سلالة إلى أخرى جعلت لها دورين : دور التنوخيين ودور اللخميين .

دور التنوخيين : من عام ١٣٨م إلى عام ٢٦٨م .

دور اللخميين : من عام ٢٦٨م إلى عام ٦٣٢م .

من اللخميين الملوكُ المناذرة ، وما نَعْنيـه منهـم النعمان بن المنذر ، والذي أصبح ملك الحيرة من عام ٥٨٥م إلى عام ٦١٣م ، حيث تدور مسرحيتنا حول مجلسه في الحيرة .

أفل دور الحيرة ، بعد الفتح الإسلامي للعراق من قبل خالد بن الوليد ، واستمر الأفول السياسي والأدبي للحيرة ، ولم يعد لها دور يُذكر .

في فترة حكم المغول للعراق ، وفي سنة ٧٣٠هـ ، الموافق عام ١٣٢٩م ، وصل القواسم إلى العراق ونزلوا في الحلة ، ونزل البدو من الظفير وهم من بني حسن أبناء

عمّ القواسم ، في منطقة الدبدبة على الطريق الواصل بين الحيرة والزبير ، والذي يقال له : درب الدبدبة .

في سنة ٧٤٠هـ ، الموافق عام ١٣٣٩م ، انتقل القواسم من الحلة إلى الرماحية الواقعة جنوبي الحلة ، واستقروا هناك وأصبحوا أمراء واسط والرماحية .

انتقل القواسم بعد أن حاربهم المولى علي المشعشع في سنة ٨٥٨هـ ، الموافق عام ١٤٥٤م ، إلى منطقة الغراف ، والتي تبعد عن الحيرة بمسافة سبعة وخمسين كيلومتراً ، وقام زعيمهم الشيخ صقر بن علي بن صقر القاسمي ، ببناء قلعته في منطقة الغراف وهي قائمة حتى يومنا هذا .

في نهاية عام ١٦١٣م ، وصل القواسم إلى الشارقة قادمين من العراق بزعامة كايد رحمة بن حمود عدوان القاسمي ، واستقروا في مدينة الشارقة ، وقد نقلوا صورة موقع بلدهم الحيرة إلى الشمال من الشارقة ، فبنوا بلدة الحيرة ، وسلكوا الطريق الذي يطلق عليه درب الدبدبة ، إلى منطقة الزبير في شرقي الحيرة ، وبنوا بلدة واسط إلى الشرق من بلدة الحيرة .

شخصيات المسرحيّة
(حسب ظهورها)

- عمرو بن كلثوم

- الحاجب

- ابن عم عمرو بن كلثوم

- الملك عمرو بن هند

- ليلى بنت المهلهل

- هند أم عمرو بن هند

- عصام بن شهبر الجرمي

- الملك النعمان بن المنذر
- أكثم بن صيفي التميمي
- حاجب بن زرارة التميمي
- الحارث بن عبّاد البكري
- عمرو بن الشريد السّلمي
- خالد بن جعفر الكلابي
- علقمة بن علاثة العامري
- قيس بن مسعود البكري
- عامر بن الطفيل العامري
- عمرو بن معد يكرب الزبيدي
- الحارث بن ظالم المرّي
- كسرى أنوشروان
- عِكَب التغلبي
- النابغة الذبياني
- المُنَخّل اليشكري
- الأول من الأعيان

الفصل الأول

مضارب عمرو بن هند
بين الحيرة والفرات

قبل رفع الستارة : ثلاث طرقات للانتباه .

الملقن : مضارب الملك عمرو بن هند ، بين الحيرة والفرات .

يرفع الستار عن رواق يتصل بقبة هند أم عمرو بن هند ، وسيف معلق على الحاجز الخلفي للرواق .

عمرو بن كلثوم يتجول في الرواق .

يدخل الحاجب وهو يقول : في الخارج شخص يقول : أريد أن أُقابل عمرو بن كلثوم ، فمنعناه ...

فقال لنا أنه ابن عمك .

عمرو بن كلثوم : أَدْخله ... أَدْخله .

يدخل ابن عم عمرو بن كلثوم ، وهو يقول : عمت مساءً .

عمرو بن كلثوم : ما وراءك يا ابن العمّ ؟

ابن عم عمرو بن كلثوم : بعد أن رحلتم من أرض الجزيرة وخرجتم عن ما بين النهرين دجلة والفرات ، جاءتني الوساوس ، وأنت لدى هذا الطفل الشرير ، وما هي إلا أيام ، حتى حضر عندي وفد من أهالي الحيرة ، وأخبروني أن عمرو بن هند يريد إهانة أمك ... ليلى بنت المهلهل ...

عمرو بن كلثوم : كيف ؟ !

ابن عم عمرو بن كلثوم : إن الذين حضروا لدي قالوا : إن عمرو بن هند قال ذات يوم لندمائه : هل تعلمون أن أحداً من العرب تأنف أمّه من خدمة أمّي ؟

فقالوا : نعم ، أم عمرو بن كلثوم ،

فقال لهم عمرو بن هند : ولم ذلك ؟

قالوا : لأن أباها المهلهل بن ربيعة ، وعمّها كليب وائل أعزّ العرب ، وبعلها كلثوم بن مالك بن عتّاب أفرس العرب ، وابنها عمرو بن كلثوم سيد تغلب .

ابن عم عمرو بن كلثوم : قلت لهم أرسل عمرو بن هند إلى عمرو بن كلثوم أن يزوره ويسأله أن تزور أُمَّه أُمَّه ، فرحل عمرو بن كلثوم من الجزيرة إلى الحيرة في جماعة من بني تغلب ، ومعه أُمّه ليلى بنت المهلهل في ظعن من بني تغلب .

ابن عم عمرو بن كلثوم : هيا ... هيا ... لنرحل ، سأحضر الركب .

يخرج ابن عم عمرو بن كلثوم .

يدخل عمرو بن هند ... وهو ينادي : أيها الحاجب ... أحضروا الفاكهة .

عمرو بن كلثوم : يا عمرو ... أين أمي ليلى ؟

عمرو بن هند وهو يشير إلى فتحة إلى الجهة اليسرى من المسرح قائلاً :

ها هي أمك تتحدث مع أمي ، استمع إليها :

يقترب عمرو بن كلثوم من الجهة اليسرى من المسرح وينصت للمحادثة بين أم عمرو بن هند وأمّه فيسمع : يا ليلى ناوليني ذلك الطبق !

فقالت ليلى : لتقم صاحبة الحاجة إلى حاجتها ، فأعادت عليها وألحّت .

فصاحت ليلى : واذلّاه ! يا لتغلب !

فسمعها عمرو بن كلثوم فثار الدم فى وجهه ، ونظر إلى عمرو بن هند ، فإذا به يقهقه ، وهو يقول : أمك من بقية الخدم .

فعرف الشرّ في وجهه ، فقام إلى سيف لعمرو بن هند معلّق بالرواق ، وليس هناك سيف غيره ، فأخذ يهدد عمرو بن هند ، فكان هناك عراك بين الاثنين فضرب عمرو بن كلثوم رأس عمرو بن هند بالسيف فقتله .

وضع عمرو بن كلثوم السيف في صدر المقتول عمرو بن هند ، وهو يقول بينما أم عمرو بن كلثوم تدخل الرواق :

بِـأَيِّ مَشِيئَـةٍ عَمْـرَو بْـنَ هِـنْـدٍ

نَكُــونُ لِقَيْلِكُمْ^(١) فِيهَا قَطِينَا^(٢)

بِـأَيِّ مَشِيئَـةٍ عَمْـرَو بْـنَ هِـنْـدٍ

تُطِيـعُ بِنَا الوُشَـاةَ وَتَزْدَرِينَـا

تُهَـدِّدُنَـا وَتُوعِـدُنَا رُوَيْـداً

مَتَـى كُنَّا لِأُمِّكَ مَقْتَوِينَا^(٣)

خرج عمرو بن كلثوم من الرواق ، وهو يسحب أُمَّه بيده اليسرى من يدها وفي يمناه السيف .

تدخل هند أم عمرو بن هند ، وتشاهد ابنها مقتولاً ، فأخذت تلطم وجهها ، بينما عمرو بن كلثوم يقف أمام الرواق ويكمل القصيدة :

وَقَـدْ عَلِـمَ القَبَـائِلُ مِـنْ مَعَـدٍّ

إِذَا قُبَبٌ بِـأَبْطَـحِـهَا بُنِينَـا

______

(١) القيل : الاستراحة عند الظهيرة .

(٢) القطين : الخدم .

(٣) القتو : الخدمة بطعام البطن ، مقتوين : الذين يخدمون بطعام بطنهم .

بِأَنَّا الْمُطْعِمُــونَ إِذَا قَدَرْنَـــا

وَأَنَّــا الْمُهْـلِـكُــونَ إِذَا ابْتُلِينَـا

وَأَنَّــا الْمَانِعُــونَ لِمَا أَرَدْنَــا

وَأَنَّــا النَّــازِلُــونَ بِحَيْثُ شِينَــا

وَأَنَّــا التَّارِكُــونَ إِذَا سَخِطْنَــا

وَأَنَّــا الْآخِـــذُونَ إِذَا رَضِــينَا

وَأَنَّــا الْعَاصِمُــونَ إِذَا أَطَعْنَــا

وَأَنَّــا الْعَازِمُــونَ إِذَا عُصِينَا

وَنَشْـــرَبُ إِنْ وَرَدْنَــا الْمَــاءَ صَفْواً

وَيَشْـــرَبُ غَيْـرُنَا كَـدِراً وَطِينَا

إِذَا مَا الْمَلْكُ سَـــامَ النَّاسَ خَسْفــاً

أَبَيْنَــا أَنْ نُقِـــرَّ الذُّلَّ فِينَــا

مَلَأْنَا الْبَرَّ حَـتَّى ضَاقَ عَنَّــا

وَظَهْــرَ الْبَحْـرِ نَمْلَؤُهُ سَفِينَـا

إِذَا بَلَــغَ الْفِطَــامَ لَنَا صَبِيٌّ

تَخِــرُّ لَــهُ الْجَبَــابِرُ سَاجِدِينَا

إنزال الستارة

الفصل الثاني

مجلس الحيرة

الملقن : مجلس النعمان بن المنذر ملك الحيرة .

يرفع الستار .

الحاجب عصام بن شهبر الجرمي .

الحاجب يعلن قدوم الملك النعمان بن المنذر قائلاً : الملك
النعمان بن المنذر .

يدخل النعمان إلى المجلس ، ويختفي الحاجب .

النعمان بن المنذر ينادي : أيهـا الحاجب ... يا عصام
يا ابن شهبر ... يا ابن الجرمي ..

يحـضر الحاجب عصام ابن الجرمـي ، وهـو يقـول :
نعم مولاي .

النعمان بن المنذر : طلـبت حضور بعض الرجال من
الحيرة ... هل حضر أحد منهم ؟

الحاجب عصام : نعم يا مولاي ، حضروا جميعهم .

الملك النعمان بن المنذر وهو واقف في وسط المجلس : نادِ عليهم .

الحاجب عصام ينادي : أكثم بن صيفي التميمي .

يدخل أكثم بن صيفي ، ويحَيي الملك النعمان ،
ويجلس في صدر المجلس قبالة الجمهور .

الحاجب عصام ينادي : حاجب بن زرارة التميمي .

يدخل حاجب بن زرارة التميمي ، ويحَيي الملك
النعمان ، ويجلس .

الحاجب عصام ينادي : الحارث بن عبّاد البكري .

يدخل الحارث بن عبّاد البكري ، ويحَيي الملك
النعمان ، ويجلس .

الحاجب عصام ينادي : عمرو بن الشريد السّلمي .

يدخل عمرو بن الشريد السّلمي ، ويحَيي الملك النعمان ، ويجلس .

الحاجب عصام ينادي : خالد بن جعفر الكلابي .

يدخل خالد بن جعفر الكلابي ، ويحَيي الملك النعمان ، ويجلس .

الحاجب عصام ينادي : علقمة بن علاثة العامري .

يدخل علقمة بن علاثة العامري ، ويحَيي الملك النعمان ، ويجلس .

الحاجب عصام ينادي : قيس بن مسعود البكري .

يدخل قيس بن مسعود البكري ، ويحَيي الملك النعمان ، ويجلس .

الحاجب عصام ينادي : عامر بن الطفيل العامري .

يدخل عامر بن الطفيل العامري ، ويحَيي الملك النعمان ، ويجلس .

الحاجب عصام ينادي : عمرو بن معد يكرب الزبيدي .

يدخل عمرو بن معد يكرب الزبيدي ، ويحَيي الملك النعمان ، ويجلس .

الحاجب عصام ينادي : الحارث بن ظالم المرّي .

يدخل الحـارث بن ظالم المـرّي ، ويحَيي الملك النعمان ، ويجلس .

قال الحكماء : عمت صباحاً .

قال النعمان بن المنذر : وأنتم .

النعمان بن المنذر : يا عصام ... ضع هذا المقعد هنا ... لا تُدْخِلْ علينا أحداً .

يضع الحاجب عصام المقعد الذي سيجلس عليه النعمان بن المنذر قبالة حكماء العرب ويخرج .

يجلس النعمان بن المنذر على المقعد وصدغه للجمهور تقريباً ... ومواجهاً للحكماء .

أحد الحكماء : عاد مَلِك المناذرة ، عاد مُلْك المنذر بن المنذر ، وعاد مُلْك المنذر بن ماء السماء .

أحد الحكماء : متى قدمتم الحيرة بعد مقابلة الملك كسرى أنوشروان ، ملك فارس ؟

النعمان بن المنذر : من مُدة بضعة أيام ... ، قدمت إلى الحيرة ... وفي نفسي ما فيها مما سمعت من كسرى من تنقص العرب ، حيث عاب أمور العرب وقبّح أفعالهم .

أحد الحكماء : هل يروي لنا الملك النعمان ، ما دار في مجلس كسرى أنوشروان ؟ .

قال النعمان بن المنذر : قدمت على كسرى وعنده وفود الروم والهند والصين ، فذكروا من ملوكهم وبلادهم .

فقمت أنا وافتخرت بالعرب ، وفضلتهم على جميع الأمم ، ولم أستثنِ فارس ولا غيرها .

فقال كسرى وأخذته عزة الملك : يا نعمان ، لقد فكرتُ في أمر العرب وغيرهم من الأمم ، ونظرتُ في حال من يقدم عليّ من وفود الأمم ، فوجدتُ الروم لها حظّ في اجتماع ألفتها ، وعظم سلطانها ، وكثرة مدائنها ، ووثيق بنيانها ، وأن لها ديناً يبيّن حلالها وحرامها ويردّ سفيهها ويقيم جاهلها .

رأيت الهند نحواً من ذلك في حكمتها وطبّها ، مع كثرة أنهار بلادها وثمارها ، وعجيب صناعاتها ، وطيّب أشجارها ، ودقيق حسابها ، وكثرة عددها .

كذلك الصين في اجتماعها ، وكثرة صناعات أيديها في آلة الحرب وصناعة الحديد ، وفروسيّتها وهمتها ، وأنّ لها ملكاً يجمعها .

الترك والخزر على ما بهم من سوء الحال في المعاش ، وقلّة الأرض الخصبة والثمار والحصون ، وما هو رأس عمارة الدنيا من المساكن والملابس ، لهم ملوك تضمّ قواصيهم وتدبّر أمرهم .

ولم أرَ للعرب شيئاً من خصال الخير في أمر دين ولا دنيا ، ولا حـزم ولا قوة ، مع أن بما يدل على مهانتها وذلها وصغر همتها ، محلّتهم التي هم بها مع الوحوش النافرة ، والطير الحائرة .

يقتلون أولادهم من الفاقة ، ويأكل بعضهم بعضاً من الحاجة ، قد خرجوا من مطاعم الدنيا وملابسها ، ومشاربها ولهوها ولذّاتها .

أفضل طعام ظفر به ناعمهم لحوم الإبل التي يعافها كثير من السباع ؛ لثقلها وسوء طعمها وخوف دائها ، وإن قَرى أحدهم ضيفاً عدّها مَكرمة ، وإن أطعم أكلة عدّها غنيمة ؛ تنطق بذلك أشعارهم ، وتفتخر بذلك رجالهم .

ما عدا اليمن التي أسس جدّي اجتماعها ، وشدّ مملكتها ، ومنعها من عدوّها ؛ فجرى لها ذلك إلى يومنا هذا ، وإن لها مع ذلك آثاراً ولبوساً ، وقرى وحصوناً ، وأموراً تشبه بعض أمور الناس .

لا أراكم تستكينون على ما بكم من الذلّة والقلّة والفاقة والبؤس ، حتى تفتخروا وتريدوا أن تنزلوا فوق مراتب الناس .

قلت : أصلح الله الملك ، حُقّ لأمةٍ الملكُ منها أن يسمو فضلها ، ويعظم خطبها ، وتعلو درجتها . إلا أن عندي جواباً في كل ما نطق به الملك ، في غير ردّ عليه ، ولا تكذيب له ، فإن أمّنني من غضبه نطقت به .

قال كسرى : قل فأنت أمن .

قلت : أمّا أُمّتك أيها الملك فليست تُنازع في الفضل ، لموضعها الذي هي به ، من عقولها وأحلامها ، وبسطة محلّها ، وبحبوحة عزّها ، وما أكرمها الله به من ولاية آبائك وولايتك . وأما الأمم التي ذكرت ، فأيّ أمّة تقرنها بالعرب إلا فضلتها .

قال كسرى : بماذا ؟

قلت : بعزّها ومنعتها ، وحسن وجوهها ، وبأسها ، وسخائها ، وحكمة ألسنتها ، وشدة عقولها ، وأنفتها ووفائها .

فأما عزّها ومنعتها ؛ فإنها لم تزل مجاورة لآبائك الذين دوّخوا البلاد ، ووطّدوا الملك ، وقادوا الجند .

لم يطمع فيهم طامع ، ولم ينلهم نائل ، حصونهم ظهور خيلهم ، ومهادهم الأرض ، وسقوفهم السماء ، وسلاحهم السيوف ، وعدّتهم الصبر .

أما غيرها من الأمم إنما عزّها الحجارة والطين ، وجزائر البحور ، وأما حسن وجوهها وألوانها ، فقد يعرف فضلهم في ذلك على غيرهم من الهند ، والصين المنحفة ، والترك المشوّهة ، والروم المقشّرة .

أما أنسابها وأحسابها ، فليست أمّة من الأمم إلا وقد جهلت آباءها وأصولها وكثيراً من أوّلها ، حتى إن أحدهم ليسأل عمن وراء أبيه دنياً فلا ينسبه ولا يعرفه .

ليس أحد من العرب إلا يسمّي آباءه أباً فأباً ، حاطوا بذلك أحسابهم ، وحفظوا به أنسابهم ، فلا يدخل رجل في غير قومه ، ولا ينتسب إلى غير نسبه ، ولا يدعى إلى غير أبيه .

أما سخاؤها ، فإن أدناهم رجلاً الذي تكون عنده البكرة والناقة عليها كل ما يعتمد عليه ، في حموله وشبعه وريّه ، فيطرقه الزائر ليلاً ، الذي يكتفي بقطعة من الأكل ويجتزئ بالشّربة ، فيعقر له ناقته ، ويرضى أن يخرج عن دنياه كلها فيما يكسبه من حسن ما يتحدث به الناس ، وطيب الذكر .

أما حكمة ألسنتهم ، فإن الله تعالى أعطاهم في أشعارهم ورونـق كلامهم وحسنه ووزنـه وقوافيه ، مع معرفتهم بالأشياء ، وضربهم للأمثال ، وإبلاغهم في الصفات ما ليس لشيء من ألسنة الأجناس .

ثم خيلهم أفضل الخيل ، ونساؤهم أعفّ النساء ، ولباسهم أفضل اللباس ، ومعادنهم الذهب والفضة ، ومطاياهم التي لا يبلغ على مثلها سفر ، ولا يقطع بمثلها بلد قفر .

أما دينها وشريعتها ، فإنهم متمسّكون به ، حتى يبلغ أحدهم من نسكه بدينه أن لهم أشهراً حرماً ، وبلداً محرماً ، وبيتاً محجوجاً ينسكون فيه مناسكهم ، ويذبحون فيه ذبائحهم ، فيلقى الرجل قاتل أبيه أو أخيه ، وهو قادر على أخذ ثأره وإدراك رغبته منه ، فيحجزه كرمه ويمنعه دينه عن تناوله بأذى .

أما وفاؤها ، فإن أحدهم يلحظ اللحظة ويومئ الإيماءة فهي عهد ، وعقدة لا يحلّها إلا خروج نفسه ، وإن أحدهم ليرفع عوداً من الأرض فيكون رهناً بدينه فلا يغلق رهنه ولا تخفر ذمته .

إن أحدهم ليبلغه أن رجلاً استجار به ، وعسى أن يكون نائياً عن داره ، فيصاب ، فلا يرضى حتى يفني تلك القبيلة التي أصابته ، أو تفنى قبيلته لما أخفر من جواره ؛

وإنه ليلجأ إليهم المجرم المحدِث من غير معرفة ولا قرابة ، فتكون أنفسهم دون نفْسه ، وأموالهم دون ماله .

أما قولك : إن أفضل طعامهم لحوم الإبل على ما وصفت منها ، فما تركوا ما دونها إلا احتقاراً له ، فعمدوا إلى أجلِّها وأفضلها ، فكانت مراكبهم وطعامهم مع أنها أكثر البهائم شحوماً ، وأطيبها لحوماً ، وأرقِّها ألباناً ، وأحلاها مضغة ، وإنه لا شيء من اللّحمان يعالج ما يعالج به لحمها إلا استبان فضلها عليه .

أما تحاربهم وأكل بعضهم بعضاً ، وتركهم الانقياد لرجل يسوسهم ويجمعهم ؛ فإنما يفعل ذلك من يفعله من الأم إذا آنست من نفسها ضعفاً ، وتخوّفت نهوض عدوها إليها بالزحف ، وإنه إنما يكون في المملكة العظيمة أهل بيت واحد يعرف فضلهم على سائر غيرهم ، فيلقون إليهم أمورهم ، وينقادون لهم بأزمّتهم .

أما العرب فإن ذلك كثير فيهم ، حتى لقد حاولوا أن يكونوا ملوكاً أجمعين ، مع أنفتهم من أداء الخراج والفناء بالظلم .

أما اليمن التي وصفها الملك ، فإنما أتى جدَّ الملك وليُّها الذي أتاه عند غلبة الحبش له على ملك متّسق ، وأمر مجتمع ، فأتاه مسلوباً طريداً مستصرخاً ، وقد تقاصر عن إيوائه ، وصغر في عينه ما شيّد من بنائه .

لولا ما تعلق به من يليه من العرب لمال إلى مجال ، ولوجد من يجيد الطعان ويغضب للأحرار من غلبة الأشرار .

فعجب كسرى لما أجبته به .

ثم قال لي كسرى : إنك لأهل لموضعك من الرياسة في أهل إقليمك ولما هو أفضل .

قال النعمان بن المنذر لحكماء العرب : قد عرفتم هذه الأعاجم وقرب جوار العرب منها ، وقد سمعت من كسرى مقالات تخوّفت أن يكون لها غور ، وأن يكون إنما أظهرها لأمر أراد أن يتخذ به العرب عبيداً كرعيته ، في تأديتهم الخراج إليه ، كما يفعل بملوك الأمم الذين حوله .

قال الحكماء : أيها الملك ، وفّقك الله ، ما أحسن ما

رددت ! ، وأبلغ ما حججته به ! ؛ فمرنا بأمرك ، وادعنا إلى ما شئت .

قال النعمان بن المنذر : إنما أنا رجل منكم ، وإنما ملكت وعززت بمكانكم ، وما يُتخوَّف من ناحيتكم ، وليس شيء أحبّ إليّ مما سدّد الله به أمركم ، وأصلح به شأنكم ، وأدام به عزّكم .

الرأي أن تسيروا بجماعتكم أيها الرهط وتنطلقوا إلى كسرى ، فإذا دخلتم نطق كل رجل منكم بما حضره ، ليعلم أن العرب على غير ما ظن أو حدّثته نفسه ، ولا ينطق رجل منكم بما يغضبه ، فإنه ملك عظيم السلطان ، كثير الأعوان ، مترف معجب بنفسه .

لا تتذللوا له كتذلل الخاضع الذليل ، وليكن أمر بين ذلك ، تظهر به وثاقة حلومكم ، وفضل منزلتكم ، وعظمة أخطاركم .

قام النعمان بن المنذر مودعاً حكماء العرب ، وينادي على عِكَب التغلبي ، مسؤول الأمن في القصر ، وكان ضخم الجثة .

يا عِكَب ... يا ابن التغلبي ... أوصل حكماء العرب إلى مقر إقامتهم ، وارجع إليّ .

عِكَب : سآخذهم إلى مقر إقامتهم .

النعمان بن المنذر : يا عِكَب ، زوّدهم بأحسن الملابس ، وأحسن الخيول ، واصرفوا لكل واحد مبلغاً من المال .

يخرج حكماء العرب مع عِكَب .

النعمان بن المنذر يتجول في المجلس ... الحاجب عصام ابن الجرمي يتقدم إلى النعمان بن المنذر وهو يقول : مولاي ... بالباب الشاعر النابغة الذبياني والشاعر المُنَخّل اليشكري .

النعمان بن المنذر : أدخلهما .

يدخل النابغة الذبياني وخلفه المُنَخّل اليشكري .

النابغة الذبياني : عمت صباحاً أيها الملك .

النعمان بن المنذر : وأنت كذلك .

النابغة الذبياني ؛ يلقي قصيدته :

أَخْلاقُ مَجْدِكَ جَلَّتْ ، مَا لَهَا حَظَرُ[1]

فِي البَأْسِ وَالجُودِ بَيْنَ العِلْمِ وَالخَبَرِ

مُــتَوَّجٌ بِالمَعَــالِي فَــوْقَ مَــفْرِقِه

وَفِي الوَغَى ضَيْغَمٌ فِي صُورَةِ القَمَرِ

إِذا دَجَــا الخَطْــبُ جَــلَّاهُ بِصَارِمِهِ

كَمَا يُجَــلَّى زَمَانُ المَحْلِ بِالْمَطَرِ

المُنَخَّل اليشكري يتقدم وهو يقول أنا لدي قصيدة سألقيها عليكم :

وَلَقَــدْ شَــرِبْتُ مِنَ المُدا

مَــةِ بِالصّغِيرِ وَبِالكَبِيرِ

فَــإِذا انْتَشَيْتُ فَإِنَّنِي

رَبُّ الخَوَرْنَقِ وَالسَّدِيرِ[2]

قال النعمان بن المنذر وهو غاضب : ماذا تقول : أنت رب قصور النعمان في الحيرة ؟ ؟ !!

____

[1] حظر : حدود .

[2] الخورنق والسدير : قصران للنعمان بن المنذر في الحيرة .

قال المُنَخّل اليشكري : مولاي لا تغضب ، فقد كنت سكراناً ... دعني أكمل القصيدة :

وَإِذا صَحَـوتُ فَإِنَّني

رَبُّ الشُّـوَيهَةِ وَالبَعيرِ

يلتفت النعمان بن المنذر إلى النابغة الذبياني قائلاً : منذ غبت عنا وهو بهذه التفاهات .

أين كنت يا نابغة ؟ !

النابغة الذبياني : أيها الملك ، لا يشغلني عنك أيّ شيء ، وقد قيل لي : إن الملك النعمان بن المنذر ، قد اشتد عليه مرضه ، بعد عودته من مقابلة كسرى ، وقد جئتُ مسرعاً ، لكن الحاجب عصام ابن الجرمي منعني من الدخول عليك ، فقلتُ فيه قصيدة .

النعمان بن المنذر : قل يا نابغة .

النابغة الذبياني :

ألَـم أُقْسِمْ عليكَ لَتُخْبِرَنّي   أَمَحْمُولٌ على النَّعشِ الهُمَامُ

فَإِنّي لا أُلامُ على دخـولٍ   ولكنْ ما وراءَكَ يا عِصـامُ

فإنْ يَهْلِكْ أبـو قابوسَ يَهْلِكْ   ربيـعُ النَّـاسِ والشَّهرُ الحَرَامُ

ونُمسِــكُ بعدهُ بذُنَابِ عيشٍ   أجَبِّ الظَّهرِ ليـسَ لهُ سنَامُ

النعمان يضحك ، وهو يقول للنابغة الذبياني : سأَخذك إلى مخدعي ، حيث كنت راقداً عندما كنت مريضاً... تتغدى معي هناك ، فذلك عذرنا ... ألا يكفي ؟

قال النابغة الذبياني : ذلك فضل منك .

النعمان بن المنذر ، يضع يده على كتف النابغة الذبياني ، ويأخذه معه إلى القصر .

يبقى المُنَخّل اليشكري حائراً في المجلس ، يدور ويتلفّت لعله يجد أحداً يدخله إلى المكان الذي أخذ النعمان النابغة الذبياني إليه ، حتى دخل عليه عِكَب التغلبي ، فسأله المُنَخّل اليشكري : إلى أين ذهبا ؟

عِكَب : إلى القصر ، لتناول طعام الغداء ! !

المُنَخّل اليشكري : وأنا ؟ ؟

عِكَب : تأكل مع الحرس .

يخرج عِكَب .

المُنَخَّل اليشكري ، يخاطب نفسه : من زمان وأنا النديم الوحيد ، لا ينافسني أحد !!

أيها الذبياني : سأكيد لك كيداً ... سأكيد لك كيداً ... سأكيد لك كيداً ...

إنزال الستارة

الفصل الثالث

مجلس الحيرة

يدخل النعمان بن المنذر مجلس الحيرة ، وهو ينادي :
عصام ... عصام ...

الحاجب عصام : نعم يا مولاي .

النعمان بن المنذر : من بمجلس الانتظار ؟

الحاجب عصام : الحكماء العرب الذين رجعوا من المدائن
بعد مقابلة الملك الفارسي كسرى .

النعمان بن المنذر : أدخلهم جميعاً .

يدخل حكماء العرب ويحيّون النعمان بن المنذر ، قائلين :
عمت صباحاً أيها الملك .

الملك النعمان بن المنذر في وسط صدر المجلس قبالة
الجمهور ، والحكماء العرب في نصف دائرة قبالة
النعمان بن المنذر .

الملك النعمان بن المنذر : عمتم صباحاً ، أخبروني ماذا
جرى حول مقابلة الملك كسرى ؟ ؟

تقدم أكثم بن صيفي ووقف أمام النعمان بن المنذر ، وقال : كما
أمرتني أيها الملك أن أبدأ أنا بالحديث أمام الملك كسرى ،
وكان هناك الترجمان الذي سيؤدي إليه كلامنا ، وعندما
وقفت أمام الملك كسرى ، قلت : أنا أكثم بن صيفي .

ثم قلت : إن أفضل الأشياء أعاليها ، وأعلى الرجال
ملوكها ، وأفضل الملوك أعمّها نفعاً ، وخير الأزمنة
أخصبها ، وأفضل الخطباء أصدقها .

الصدق منجاة ، والكذّب مهواة ، والشرّ لجاجة ،
والحزم مركب صعب ، والعجز مركب وطيء .

آفة الرأي الهوى ، والعجز مفتاح الفقر ، وخير الأمور الصبر . حسن الظن ورطة ، وسوء الظن عصمة .

إصلاح فساد الرعية خير من إصلاح فساد الراعي . من فسدت بطانته كان كالغاصّ بالماء . شر البلاد بلاد لا أمير بها . شر الملوك من خافه البريء . المرء يعجز لا محالة . أفضل الأولاد البررة . وخير الأعوان من لم يراءِ بالنصيحة .

أحقّ الجنود بالنصر من حسنت سريرته . يكفيك من الزاد ما بلّغك المحلّ . حسبك من شرّ سماعه . الصمت حكم وقليل فاعله . البلاغة الإيجاز . من شدّد نفّر ، ومن تراخى تألّف .

فتعجب كسرى من كلامي .

ثم قال كسرى : ويحك يا أكثم ! ما أحكمك وأوثق كلامك ! لولا وُضِعَ كلامك في غير موضعه .

قلت : الصدق ينبئ عنك لا الوعيد .

قال كسرى : لو لم يكن للعرب غيرك لكفى .

قلت : رُبّ قول أنفذ من صول .

ثم جلست ، وقام بعدي حاجب بن زرارة التميمي .

ثم قام حاجب بن زرارة التميمي ووقف أمام النعمان بن المنــذر ، فقــال : ألقيت كلمتي أمــام كسرى قائــلاً : أنا حاجب بن زرارة التميمي .

ثم قلت : ورى زندك ، وعلت يدك ، وهيب سلطانك . إن العرب أمة قد غلظت أكبادها ، نحن وفودها إليك ، وألسنتها لديك ؛ ذمّتنا محفوظة ، وأحسابنا ممنوعة ، وعشائرنا فينا سامعة مطيعة ؛ إن نفتخر بك حامدين خيراً ، فلك بذلك عموم مَحْمَدتنا ، وإن نذم لم نخصّ بالذمّ دونها ، ثم قام بعدي الحارث بن عبّاد البكري .

الحارث بن عبّاد البكري واقفاً أمام النعمان بن المنذر : وقفت أمام كسرى وقلت : أنا الحارث بن عبّاد البكري ، ثم قلت : دامت لك المملكة باستكمال جزيل حظّها ، وعلوّ ثنائها .

من طال رشاؤه كثر متحه ، ومن ذهب ماله قلّ منحه .

نحن جيرانك الأدنون ، وأعوانك المعينون ، خيولنا

جمّة ، وجيوشنا ضخمة ، إن استنجدتنا فغير ربض ، وإن استطرقتنا فغير جهض ، وإن طلبتنا فغير غمض ، لا ننثني لذعر ، ولا نتنكّر لدهر ، رماحنا طوال ، وأعمارنا قصار .

قال كسرى : أنفس عزيزة ، وأمة والله ضعيفة .

قلت : أيها الملك ، وأنى يكون لضعيف عزّة ، أو لصغير قوة الخلق ؟

قال كسرى : لو قصر عمرك لم تستول على لسانك نفسك .

قلت : أيها الملك ، إن الفارس إذا حمل نفسه على الكتيبة مُغرّراً بنفسه على الموت ، فهي منية استقبلها ، وحياة استدبرها .

العرب تعلم أني أبعث الحرب قدماً ، وأحبسها وهي تصرّف بهم ، حتى إذا جاشت نارها ، وسعرت لظاها ، وكشفت عـن ساقها ، جعلت مقادها رمحي ، وبرقها سيفي ، ورعدها زئيري ، ولم أقصر عن خوض غمارها ، حتى أنغمس في غمرات لججها ، وأكـون فلكاً لفرساني إلى بحبوحة

حماتها ، فأستمطرها دماً ، وأترك حماتها طعاماً للسباع وكلّ النسور .

ثم قال كسرى لمن حضره من العرب : أكذلك هو ؟

قالوا : فعاله أنطق من لسانه .

قال كسرى : ما رأيت كاليوم وفداً أحشد ! ، ولا شهوداً أوفد ! .

قال الحارث بن عبّاد البكري : ثم قام من بعدي ، عمرو بن الشريد السّلمي .

وقف عمرو بن الشريد السّلمي أمام النعمان بن المنذر ، فقال : عندما وقفت أمام كسرى قلت : أنا عمرو بن الشريد السّلمي ، ثم قلت : أيها الملك نَعُم بالك ، ودام في السرور حالك ؛ إن عاقبة الكلام متدبّرة ، وأشكال الأمور معتبرة ، وفي كثير ثقلة ، وفي قليل بلغة ، وفي الملوك سورة العزّ ، وهذا منطق له ما بعده ، شرف فيه من شرف ، وخمل فيه من خمل ، لم نأت لضيمك ، ولم نفد لسخطك ، ولم نتعرّض لرفدك .

إن في أموالنا مرتقداً ، وعلى عزنا معتمداً ، إن أورينا ناراً أثقبنا ، وإن أود دهر بنا اعتدلنا ، إلا أنّا مع هذا لجوارك حافظون ، ولمن رامك مكافحون ، حتى يحمد الصّدر ، ويستطاب الخبر .

ثم قال عمرو بن الشريد السّلمي : قال كسرى : ما يقوم قصد منطقك بإفراطك ، ولا مدحك بذمّك .

قلت : كفى بقليل قصدي هادياً ، وبأيسر إفراطي مخبراً ، ولم يُلَمْ من عزفت نفسه عما يعلم ، ورضي من القصد بما بلغ .

قال كسرى : ما كل ما يعرف المرء ينطق به . اجلس .

فجلست ، ثم قام بعدي خالد بن جعفر الكلابي .

ثم قام خالد بن جعفر الكلابي ووقف أمام النعمان بن المنذر ، فقال : عندما وقفت أمام كسرى قلت : أنا خالد بن جعفر الكلابي ، ثم قلت : أحضر الله الملك إسعاداً ، وأرشده إرشاداً ؛ إن لكل منطق فرصة ، ولكل حاجة غصة ، وعيّ المنطق أشدّ من عيّ السكوت ، وعثار القول أنكى من عثار

الوعث ، وما فرصة المنطق عندنا إلا بما نهوى ، وغصة المنطق بما لا نهوى غير مستساغة ، وتركي ما أعلم من نفسي ويعلم من سمعني أنني أنني له مطيق ، أحبّ إليّ من تكلّفي ما أتخوّف ويتخوّف مني .

لقد أوفدنا إليك ملكنا النعمان ، وهو لك من خير الأعوان ، ونعم حامل المعروف والإحسان . أنفسنا بالطاعة لك باخعة ، ورقابنا بالنصيحة خاضعة ، وأيدينا لك بالوفاء رهينة .

قال لي كسرى : نطقت بعقل ، وسموت بفضل ، وعلوت بنبل .

ثم قام من بعدي علقمة بن علاثة العامري .

وقف علقمة بن علاثة العامري أمام النعمان بن المنذر وقال : وقفت أمام كسرى ، وقلت : أنا علقمة بن علاثة العامري ، ثم قلت : بانت لك سبل الرشاد ، وخضعت لك رقاب العباد : إن للأقاويل مناهج ، وللآراء موالج ، وللعويص^(١) مخارج ؛ وخير القول أصدقه ، وأفضل الطلب أنجحه .
____
(١) العويص : المصائب الشديدة .

إنّا وإن كانت المحبّة أحضرتنا ، والوفادة قرّبتنا ، فليس من حضرك منا بأفضل ممن عزب عنك ، بل لو قست كل رجل منهم وعلمت منهم ما علمنا ، لوجدت له في آبائه دنياً أنداداً وأكفاء ، كلهم إلى الفضل منسوب ، وبالشرف والسّودد موصوف ، وبالرأي الفاضل والأدب النافذ معروف ، يحمي حماه ، ويروي نداماه ، ويذود أعداه ، لا تخمد ناره ، ولا يحترز منه جاره .

أيها الملك ، من يَبْلُ العرب يعرف فضلهم ؛ فاصطنع العرب ، فإنها الجبال الرواسي عزّاً ، والبحور الزواخر طميّاً ، والنجوم الزواهر شرفاً ، والحصى عدداً ؛ فإن تعرف لهم فضلهم يعزّوك ، وإن تستصرخهم لا يخذلوك .

قال كسرى : حسبك ، أبلغت وأحسنت .

قال علقمة بن علاثة العامري : ثم قام بعدي قيس بن مسعود البكري .

ثم قام قيس بن مسعود البكري ووقف أمام النعمان بن المنـذر ، وقال : وقفت أمام كسرى ، وقلت : أنا قيس بن

مسعود البكري ، ثم قلت : أطاب الله بك المراشد ، وجنّبك المصائب ، ووقاك مكروه الشدائد .

ما أحقّنا إذ أتيناك بإسماعك ما لا يحنق صدرك ، ولا يزرع لنا حقداً في قلبك ؛ لم نقدم أيها الملك لمساعدات ، ولم ننتسب لمعاداة ، ولكن لتعلم أنت ورعيتك ومن حضرك من وفود الأمم أنّا في المنطق غير محجمين ، وفي البأس غير مقصرين ، إن جورينا فغير مسبوقين ، وإن سومينا فغير مغلوبين .

قال كسرى : غير أنكم إذا عاهدتم غير وافين .

قلت : أيها الملك ، ما كنت في ذلك إلا كوافٍ غُدر به ، أو كخافر أخفر بذمته .

قال كسرى : ما يكون لضعيف ضمان ، ولا لذليل خفارة .

قال قيس بن مسعود البكري للنعمان بن المنـذر : رجعت إلى مكاني ، وقام بعدي عامر بن الطفيل العامري .

كان عامر بن الطفيل العامري أعور .

قام عامر بن الطفيل العامري ووقف أمام النعمان بن المنذر ،

وقال : وقفت أمام كسرى ، وقلت : أنا عامر بن الطفيل العامري ، ثم قلت : كثر فنون المنطق ، وليس القول أعمى من حندس الظّلماء ، وإنما الفخر في الفعال ، والعزّ في النجدة ، والسّودد مطاوعة القدرة .

ما أعلمك بقدرنا ، وأبصرك بفضلنا ، وبالحري إن أدالت الأيام ، وثابت الأحلام ، أن تحدث لنا أمور لها أعلام .

قال كسرى : وما تلك الأعلام ؟

قلت : مجتمع الأحياء من ربيعة ومضر ، على أمر يذكر .

قال كسرى : وما الأمر الذي يذكر ؟

قلت : ما لي علم بأكثر مما خبّرني به مخبر .

قال كسرى : متى تكاهنت يا ابن الطّفيل ؟

قلت : لست بكاهن ، ولكني بالرمح طاعن .

قال كسرى : فإن أتاك آت من جهة عينك العوراء ما أنت صانع ؟

قلت : ما هيبتي في قفاي بدون هيبتي في وجهي . ثم قام بعدي عمرو بن معد يكرب الزبيدي .

ثم قام عمرو بن معد يكرب الزبيدي ووقف أمام النعمان بن المنذر ، وقال : وقفت أمام كسرى ، وقلت : أنا عمرو بن معد يكرب الزبيدي ، ثم قلت : إنما المرء بأصغريه : قلبه ولسانه ، فبلاغ المنطق الصواب ، وملاك النّجعة[1] الارتياد ، وغفو[2] الرأي خير من استكراه الفكرة ، وتوقّف الخبرة خير من اعتساف[3] الحَيرة .

اجتبذ طاعتنا بلفظك ، واكتظم بادرتنا بحلمك ، وألن لنا كنفك ، يسلس لك قيادنا ، فإنّا أناس لم يوقس[4] صفاتنا قراع مناقير من أراد لنا قضماً ، ولكن منعنا حمانا من كل من رام لنا هضماً .

قال عمرو بن معد يكرب الزبيدي ، ثم قام الحارث بن ظالم المرّي ، بعدي .

قـام الحـارث بن ظالم المرّي ، ووقّف أمام النعمان بن

---

(١) النجعة : طلب الكلأ .
(٢) الغفو : الإهمال .
(٣) الاعتساف : السير بغير هداية .
(٤) يوقس : يخدش .

المنذر ، وقال : أيها الملك ، كانت قبيلة بني مرة ، قد قتلت جنوداً من الفرس ، وكان ذلك من قديم الزمان .

فرتبت مقابلتي في آخر المتحدثين ، لربما لن يستمع كسرى لكل هؤلاء العرب ، وإن جاء الدور عليّ ، لن أذكر اسمي .

قال النعمان بن المنذر : وماذا قلت ؟

قال الحارث بن ظالم المرّي : عندما وقفت أمام كسرى بدأت بالكلام قائلاً : إن من آفة المنطق الكذب ، ومن لؤم الأخلاق الملق ، ومن خطل الرأي خفة الملك المسلّط ، فإن أعلمناك أن مواجهتنا لك عن ائتلاف ، وانقيادنا لك عن تصاف ، ما أنت لقبول ذلك منا بخليق ، ولا للاعتماد عليه بحقيق ، ولكن الوفاء بالعهود ، وإحكامُ ولث العقود ، والأمر بيننا وبينك معتدل ، ما لم يأت من قبلك ميل أو زلل .

قال كسرى : من أنت ؟

قلت : الحارث بن ظالم .

وتجهّم وجه كسرى وسأل : ابن من ؟

قلت : أنا الحارث بن ظالم المرّي .

قال كسرى : إن في أسماء آبائك لدليلاً على قلة وفائك ،
وأن تكون أولى بالغدر ، وأقرب من الوزر .

قلت : إن في الحق مغضبة ، والسّرُ التغافل ، ولن يستوجب
أحد الحلم إلا مع القدرة ، فلتشبه أفعالك مجلسك .

قال كسرى وهو يشير إلى الحارث بن ظالم المرّي : هذا
فتى القوم . هذا فتى بني مرّة .

عاد الحارث بن ظالم المرّي إلى مكانه في مجلس النعمان بن
المنذر ، وتمُرّ فترة سكون ، ويتساءل النعمان بن المنذر :
وماذا بعد ذلك ؟

النعمان بن المنذر : يا أكثم بن صيفي ، ماذا حدث بعد
ذلك ؟

يتقدّم أكثم بن صيفي أمام النعمان بن المنذر قائلاً : مرت
برهة من الزمن تمالك الملك كسرى أعصابه ، ثم قال :

قد فهمت ما نطقت به خطباؤكم ، وتفنّن فيه متكلّموكم ، ولولا أني أعلم أن الأدب لم يثقّف أودكم ، ولم يحكم أمركم ، وأنه ليس لكم ملك يجمعكم فتنطقون عنده منطق الرعية الخاضعة الباخعة ، فنطقتم بما استولى على ألسنتكم ، وغلب على طباعكم ، لم أجز لكم كثيراً بما تكلمتم به .

إني لأكره أن أجبّه^(١) وفودي أو أحنق صدورهم ، والذي أحبّ ، هو إصلاح مدبركم ، وتألف شواذّكم ، والإعذار إلى الله فيما بيني وبينكم .

قد قبلت ما كان في منطقكم من صواب ، وصفحت عما كان فيه من خلل ؛ فانصرفوا إلى ملككم فأحسنوا مؤازرتـه ، والتزمـوا طاعته ، واردعوا سفهاءكم وأقيموا أودهم ، وأحسنوا أدبهم ، فإن في ذلك صلاح العامّة .

النعمان بن المنذر : أشكركم على ما نطقتم به ، وينادي يا عِكَب .

يدخل عِكَب .

____
(١) جبّه : قاطع .

النعمان بن المنذر : اعتنِ بالحكماء العرب .

يخرج حكماء العرب ، برفقة عِكَب .

يدخل الحاجب عصام ويقول : مولاي ، إن الشاعر المُنَخَّل اليشكري ، يصرّ على مقابلتك دون حضور أحد .

النعمان بن المنذر : أدخله ...

يدخل المُنَخَّل اليشكري وهو يقول : عمت صباحاً أيها الملك .

النعمان بن المنذر : عمت صباحاً ، ما وراءك ؟

المُنَخَّل اليشكري : بعد أن أدخلت النابغة الذبياني إلى مخدعك ، قبل أسابيع ، هجاك ، وقال فيك :

قَبَّـحَ اللـهُ ثُـمَّ ثَنّـى بلَعْـنٍ
وارِثَ الصَّـائغِ الجَـبانَ الجَهـولا

مَـن يَضـرُّ الأدْنـى ويَعـجِزُ عن
ضُـرِّ الأقاصـي ومَن يَخونُ الخَليلا

يَجمَـعُ الجَيْـشَ ذا الألُوفِ ويَغْزو
ثُـمَّ لا يَـرزَأُ العَـدُوَّ فتيـلا

النعمان بن المنذر : لا ... لا ... لا أصدق . لا أظن ذلك
من قول النابغة الذبياني !!

المُنَخَّل اليشكري : هل النابغة شاهد المُتجرِّدةَ زوج النعمان ؟

النعمان بن المنذر : نعم ... قابلها وتحدث إليها .

قال المُنَخَّل اليشكري : لقد وصف المُتجرِّدةَ زوج النعمان
وصفًا حسيّاً ، وتغزل في محاسنها وأوصافها .

النعمان بن المنذر : ماذا قال ؟

المُنَخَّل اليشكري : اعفني ، لا أستطيع قول النابغة الذبياني .

النعمان بن المنذر : يا عِكَب ... يا عِكَب !!!

يحضر عِكَب .

النعمان بن المنذر : أهدرتُ دم النابغة الذبياني ، من
وجده فليقتله .

المُنَخَّل اليشكري : أين سيجده ؟ لقد هرب إلى الشام
لدى الملوك الغساسنة ، واستغنى عنك .

إنزال الستارة

الفصل الرابع

مجلس الحيرة

يدخل النعمان بن المنذر .

يسرع إليه الحاجب عصام قائلاً : مولاي ... بمجلس الانتظار ثلاثة رجال ، من أعيان الحيرة ... يريدون مقابلتك .

يدخل الرجال الثلاثة ، ومن المقابلة يتبيّن أنهم على معرفة بالملك النعمان بن المنذر .

الأول من الأعيان : أيها الملك ... إن ما جاء به المُنَخَّل اليشكري ، عار عن الصحة .

الثاني من الأعيان : فالشعر الذي قاله سخيف الألفاظ والمعاني .

الثالث من الأعيان : إن النابغة الذبياني لقب النابغة لشدة بلاغته الشعرية ، وقد بعث إليّ هذه القصيدة :

أَتَـانِي أَنَّ دَاهِيَةً^(١) نَـادَى^(٢)   على شَحْطٍ^(٣) أَتَاكَ بها مَيُونُ^(٤)

فَبِـتُّ كَأَنَّنِي حَـرِجٌ^(٥) لَعِينٌ   نَفَاهُ النَّاسُ أو دَنِفٌ^(٦) طَعِينُ

أُقَلِّـبُ أَظْهُـرًا أَمْرِي بُطُونًا   وهل تُغْنِي مِن الخَوفِ الفُنُونُ

أَغَيرَكَ مَعْقِلاً أَبْغِي وَحِصْنًا   فَأَعْيَتْنِـي المَعَاقِـلُ والحُصُونُ

فَجِئْتُكَ عَارِيًا خَلِقًا ثِيَابِي   على خَـوْفٍ تَظُنُّ بِيَ الظُّنُونُ

أَبَـرَّ بِذِمَّـةٍ وَأَعَـزَّ جَـارًا   إذا جَعَلَتْ عُرَى مَلِكٍ تَلِينُ

بُعِثْتَ على البَرِيَّةِ خيرَ رَاعٍ   فَأَنْتَ إِمَامُهـا والنَّـاسُ دِينُ

نكـونُ رَعِيَّةً مَـا دُمْتَ حَيًّا   وَنَهْبًا بعـدَ مَوْتِكَ ما نكونُ

<hr>

(١) الداهية : الرجل ذو المكر والاحتيال .

(٢) نأد : حسد .

(٣) الشحط : الإبعاد .

(٤) الميون : الكذب .

(٥) الحرج : الآثم .

(٦) دَنِف : القريب من الموت .

٦٦

الأول من الأعيان : لقد بعث النابغة الذبياني إليّ هذه القصيدة ، وهذا مطلعها :

أُنْبِئْتُ أَنَّ أَبـا قابـوسَ أَوْعَدَني

ولا قَــرارَ علـى زَأرٍ مِــنَ الأَسَدِ

مَهْـلًا فِـداءٌ لكَ الأقْـوامُ كلُّهُمُ

ومــا أُثَمِّــرُ مِن مـالٍ ومِن وَلَدِ

لا تَقْذِفَنِّـي بِرُكْـنٍ لا كِفاءَ لهُ

وإن تَأَثَّفَكَ الأَعْـداءُ بالرِّفَـدِ

الثاني من الأعيان : لقد بعث إليّ النابغة الذبياني من مدة أيام هذه القصيدة :

فَمُجْتَمَعُ الأَشْراجِ[1] غَيَّرَ رَسمَها

مَصـايِفُ مَـرّت بعـدَنا وَمَرابعُ

تَوَهَّمـتُ آياتٍ لَهـا فَعَـرَفتُهـا

لِسِـتّةِ أَعـوامٍ وَذا العـامُ سابعُ

____

(١) الأشراج : الوديان .

الأعيان بصوت واحد : أيها الملك نتوسل إليك ، أن تعفو عن النابغة الذبياني ، فهو كما سمعت من قصائده لستة أعوام وذا العام سابع .

النعمان بن المنذر : سننظر في الأمر .

يخرج الأعيان من مجلس الحيرة .

النعمان بن المنذر : يا عِكَب ...

يحضر عِكَب .

النعمان بن المنذر : هل المُنَخّل اليشكري في مجلس الانتظار ؟

عِكَب : نعم يا مولاي .

النعمان بن المنذر : خذه إلى السجن ، واضربه ، وعَذِّبه حتى يعترف أنه هو القائل في زوجتي ؛ فقد بلغني عنه ذلك .

أصوات متعالية في مجلس الانتظار ...

النعمان بن المنذر ينادي : يا عصام ... يا عصام .

يحضر الحاجب عصام .

النعمان بن المنذر : ما تلك الأصوات ؟

الحاجب عصام : هذا سعد قرقرة ، يقول إنه هو الذي صاد حمار الوحش ، والآخرون يكذبونه .

النعمان بن المنذر : أحضرهم ... أحضرهم ...

يدخـل سعـد قرقرة وإذا به رجل نحيل ، وهو يقول : أنا الذي صدت حمار الوحش .

يدخل ثلاثة رجال ، وهم الذين صادوا حمار الوحش ، يقول رجل من الذين صادوا حمار الوحش : كان قرقرة معنا عندما حاصرنا حمار الوحش . ونحن نطارد حمار الوحش ، خاف قرقرة ، واختبأ في خميلة من الأشجار ، وعندما هرب منا حمار الوحش ، دخل في تلك الخميلة التي بها قرقرة ، فقمنا باصطياد حمار الوحش ومعه قرقرة .

ضحك النعمان بن المنذر وقال : لكننا نريد أن نتأكد أنكم صادقون في قولكم .

نادى النعمان بن المنذر على الحرس : أيها الحرس ، انقلوا

قرقرة وضعوه على ظهر الفرس اليحموم ، وضعوا في يد قرقرة الرمس ، وأطلقوا حمار الوحش ليصطاده .

سعد قرقرة : إني إذن أكون أنا الصريع لا الحمار ، ما لي ولهـذا ؟ ، وأخـذ يتوسـل بالنعمـان بن المنـذر قائـلاً : أنا أخوك ...

النعمان بن المنذر : أنت أخي ؟ !

سعد قرقرة : من الرضاعة فقط ، إن صَدَقَتْ أمي .

حمل سعد قرقرة ، وأثناء حمله نظر إلى ابنه وقال لـه : بأبي وجوه اليتامى .

الناس يعلقون على المنظر : وضع قرقرة على الفرس ، ودفـع إليه الرمـح . وأطلق حمـار الوحـش ، خافت الفرس ... قرقرة وقع منه الرمح وركض به الفرس ...

أكب قرقرة على معرَفة الفرس ، فتعلق بها وصاح ؛ فضحك الناس وقالوا : وقع قرقرة من على ظهر الفرس .

أحضر قرقرة أمام النعمان بن المنذر ، وقد تغطى بالطين ،

ولم يَبِنْ من وجهه إلَّا عيناه ، وفي يديه خصلات من شعر معرَفة الفرس .

والنعمان يضحك .

الحاجب عصام يُخرج الناس المتواجدين في مجلس الحيرة .

يدخل عِكَب وهو يقول : مولاي ، مات المُنَخَّل اليشكري .

النعمان بن المنذر مستغرباً : كيف ؟ !

عِكَب : بينما أنا أعذبه وقعت على صدره فتكسرت ضلوعه ، فمات .

النعمان بن المنذر : ذاك جزاؤه .

النعمان بن المنذر : عصام ... عصام .

يحضر الحاجب عصام وهو يقول : نعم مولاي .

النعمان بن المنذر : هل بقي أحد في مجلس الانتظار ؟

الحاجب عصام : نعم يا مولاي ، رجلان من أعيان الحيرة ، ومعهم ثالث فلما سألتهما ، قالا إنه شاعر .

النعمان بن المنذر : أدخلهم .

دخل أعيان الحيرة ومعهما الشاعر ، وقالوا : عمت صباحاً
أيها الملك .

قال النعمان بن المنذر : هذا هو الشاعر ؟ ، فليسمعنا ما لديه .

أَتانـي أَبَيْـتَ اللَّعْـنَ أَنَّكَ لُمْتَني

وَتِلكَ الَّتي تَسْتَكُّ مِنها المَسامِعُ

مَقالَـةُ أَن قَـدْ قُلْـتَ سَوفَ أَنالُهُ

وَذَلِكَ مِـنْ تِلقاءِ مِـثلِكَ رائِعُ

لَعَمـري وَما عُمـري عَلَـيَّ بِهَيِّنٍ

لَقَـد نَطَقَت بُطلاً عَلَيَّ الأَقارِعُ [1]

أَتـاكَ امرُؤٌ مُستَبطِنٌ [2] لِيَ بِغضَةً

لَـهُ مِن عَدوٍّ مِثـلُ ذَلِكَ شـافِعُ

أَتـاكَ بِقَـولٍ هَلهَـلِ النَسجِ كاذِبٍ

وَلَم يَأتِ بِالحَـقِّ الَّذي هُـوَ ناصِعُ

---

(١) الأقارع : الأباطيل .

(٢) مستبطن : مبيت .

أَتـاكَ بِقَـولٍ لَـم أَكُـن لِأَقولُهُ

وَلَـو كُبِـلَت في ساعِدَيَّ الجَوامِعُ[1]

لَكَلَّفتَني ذَنبَ امرِئٍ وَتَرَكـتَهُ

كَذي العُرِّ[2] يُكوى غَيرُهُ وَهوَ راتِعُ

فَإِن كُنتُ لا ذو الضِغنِ[3] عَنّي مُكَذَّبٌ

وَلا حَلفي عَلـى البَراءَةِ نـافِعُ

وَلا أَنـا مَأمـونٌ بِشَـيءٍ أَقـولُهُ

وَأَنتَ بِـأَمـرٍ لا مَحـالَةَ واقِـعُ

فَإِنَّـكَ كَاللَيلِ الَّـذي هُـوَ مُدرِكي

وَإِن خِلتُ أَنَّ المُنتَأى عَنكَ واسِعُ

أَتوعِـدُ عَبداً لَـم يَخُـنكَ أَمانَةً

وَتَترُكُ عَبداً ظالِمـاً وَهـوَ ظالِـعُ

وَأَنتَ رَبيـعٌ يُنعِـشُ النـاسَ سَيبُهُ

وَسَـيفٌ أُعِـيرَتهُ المَنِيَّةُ قاطِـعُ

---

(١) الجوامع : السلاسل .

(٢) العُرّ : الجرب .

(٣) الضغن : الحقد الشديد .

أَبِى اللَّـهُ إِلَّا عَـدلَهُ وَوَفـــاءَهُ

فَـلا النُكرُ مَعروفٌ وَلا العُرفُ ضائعُ

النعمان بن المنذر يهمّ بالشاعر ، ويكشف عن وجه النابغة الذبياني ، قائلاً : والله إنك أنت النابغة ، ويتعانقان .

إنزال الستارة

المصادر

١- مصادر المقدمة :

- القول الحاسم في نسب وتاريخ القواسم ، الدكتور سلطان بن محمد القاسمي ، منشورات القاسمي ، الشارقة ، الإمارات العربية المتحدة ، ٢٠٢١م ، الرقم ٢٨، ٢٩ .

- تاريخ ملوك الحيرة ، علي ظريف الأعظمي البغدادي ، القاهرة ، مصر ، ١٩٢٠م ، ص ١٣٩-١٤٠ .

- الحيرة المدينة والمملكة العربية ، يوسف رزق الله غنيمة ، مطبعة دنكور الحديثة ، بغداد ، العراق ، ١٩٣٦م ، ص ١٥-١٨ .

٢- مصادر المسرحية :

- كتاب الأنساب ، سلمـة بـن مسلم العوتبي الصحاري ، مخطوط ، المكتبة الوطنية الفرنسية ، مخطوط رقم : Arabe ٥٠١٩ ، باريـس ، فـرنسا ، من مقتنيات المؤلف ، دارة الدكتور سلطان القاسمي ومنشورات القاسمي ، الشارقة ، الإمارات العربية المتحدة ، ص ١٨٢ .

- كتاب الأغاني ، أبو الفرج الأصفهاني ، الهيئة المصرية العامة للكتاب ، القاهرة ، مصر ، ١٩٩٢م ، الجزء الحادي عشر ، ص ٤-٤١ ، ٥٢- ٦٠ ، ٩٤- ١٢٠ ، الجزء الحادي والعشرون، ص ١-٨ .

- الشعر والشعراء ، أبو محمد عبدالله بن مسلم بن قتيبة ، دار المعارف ، القاهرة ، مصر ، ١٩٨٢م ، الجزء الأول ، ص ٢٣٤ – ٢٣٦ .

- ديوان عمرو بن كلثوم ، دار صادر ، بيروت ، لبنان ، ٢٠١٢م ، ص ٥١-٧٣ .

- ديوان النابغة الذبياني ، كرم البستاني ، دار صادر ، بيروت ، لبنان ، ٢٠١٢م ، ص ١٧ – ١٨ ، ٣٠- ٤٢ ، ٦٣-٦٥ ، ٧٤-٧٥ ، ٧٨- ٨٢ ، ٩٦-٩٨ ، ١١٠ .

- العقـد الفريد ، أحمد بن محمد بن عبد ربه الأندلسـي ، دار الكـتب العلمية ، بيروت ، لبنان ، ١٩٨٣م ، الجزء الأول ، ص ٢٧٥ – ٢٨٧ .

- جمهرة خطب العرب في عصور العربية الزاهرة ، أحمد زكي صفوت ، المكتبة العلمية ، بيروت ، لبنان ، ١٩٩٢م ، الجزء الأول ، ص ٥٠ – ٦٣ .

- المناقب المزيدية في أخبار الملوك الأسدية ، أبو البقاء هبة الله الحلي ، مركز زايد للتراث والتاريخ ، العين ، الإمارات العربية المتحدة ، ٢٠٠٠م ، الجزء الأول ، ص ١٤٧-١٥٧ .

- الفاخر ، أبو طالب المفضل بن سلمة بن عاصم ، الهيئـة المصريـة العامـة للكـتاب ، القاهرة ، مصر ، ١٩٧٤م ، ص ٧٠-٧١ .